CHAMBRE DE COMMERCE DE CLERMONT-FERRAND

RÉFORME DE LA LOI

SUR LA

LIQUIDATION JUDICIAIRE

RAPPORT ET DÉLIBÉRATION

Séance du 8 Novembre 1892

CLERMONT-FERRAND

TYPOGRAPHIE ET LITHOGRAPHIE G. MONT-LOUIS

2, Rue Barbançon, 2

—

1892

CHAMBRE DE COMMERCE DE CLERMONT-FERRAND

SÉANCE DU 8 NOVEMBRE 1892

RÉFORME DE LA LOI SUR LA LIQUIDATION JUDICIAIRE

Extrait du Registre des Délibérations

PRÉSIDENCE DE M. BIDEAU.

Sont présents : MM. Gaillard, sénateur, vice-président ; Chalus, trésorier ; Brancher, Dionis du Séjour, Girard, Taillandier, Teisset, Viallefond, Yberty.

Au nom de la Commission composée de MM. Chalus, Girard et Torrilhon, M. Chalus donne lecture du rapport suivant :

MESSIEURS,

Le 26 juin 1885, réunis dans cette enceinte pour étudier le projet de réforme proposé par M. le Ministre du Commerce à la législation sur les faillites, nous constations avec lui que le nombre croissant des faillites, qui s'élève tous les ans en raison inverse du chiffre des dividendes donnés par elles, devait fatalement amener sur cette situation regrettable l'attention du législateur.

Pour ceux de nos collègues qui, en 1885, n'appartenaient pas à la Chambre, nous devons, pour l'intelligence du débat, rappeler rapidement quel était, à cette époque, l'état de la question.

Au moment où la Chambre des députés nommait une Commission chargée de lui présenter un rapport sur les réformes dont la loi en vigueur lui paraissait susceptible, deux propositions successives avaient été déjà formulées à la tribune dans le but de modifier la loi de 1838, qui avait révisé en son ensemble le Code de commerce promulgué en septembre 1807.

L'une de ces propositions, émanant de M. Saint-Martin, député de Vaucluse, et de plusieurs de ses collègues, tendait à la refonte générale de la législation sur les faillites; l'autre, due à l'initiative de MM. Dautresme et Waddington, poursuivait un but moins étendu et concluait uniquement à la réglementation des concordats amiables ou liquidations volontaires.

Le 27 juillet 1882, la Chambre des députés renvoyait à l'examen de la même Commission un projet déposé par M. le Garde des Sceaux Humbert. Le livre III du Code de commerce avait été l'objet d'un travail approfondi au sein de la section de législation du Conseil d'Etat, et ce projet adoptait comme exposé des motifs les termes mêmes du rapport présenté par M. Lourcel-Seneuil à la section de législation et le texte arrêté par le Conseil d'Etat.

Nous nous trouvions donc en présence de trois éléments qui ont concouru, chacun pour leur part, à la formation du projet de la Commission.

Et son rapporteur, M. le député Lacaze, a emprunté à la proposition de M. Saint-Martin, comme à celle de MM. Dautresme et Richard Waddington, quelques-unes de leurs dispositions, et il y a ajouté lui-même des idées et des aperçus qui, s'ils ne sont pas tous marqués au coin de la pratique, portent cependant l'empreinte d'une étude sérieuse et approfondie de la matière. Nous n'avons pas le droit, Messieurs, de vous réimposer le long travail auquel avait donné lieu, en 1885, le rapport dont vous nous aviez chargé.

Nous avions, en six chapitres successifs, étudié le remarquable exposé de M. Laroze, et nous lui avions rendu un hommage mérité.

Les événements nous ont donné raison, Messieurs.

En effet, le Parlement a modifié d'une manière assez sensible le rapport de M. Laroze, et ce qui se passe aujourd'hui montre une fois de plus que c'est par les résultats qu'on juge les lois, trop souvent inspirées par un moment d'illusion, la passion d'un moment ou l'intérêt d'un jour.

La loi fut promulguée le 4 mars 1889. Son texte était profondément remanié; c'était une loi mauvaise, ainsi que les événements l'ont rapidement démontré. En effet, ses résultats n'ont satisfait ni la pensée qui a guidé le législateur, ni les tribunaux de commerce, dont la bonne foi est livrée aux entreprises des intermédiaires, et qui sont les prisonniers d'une procédure avec laquelle il leur est impossible d'être renseignés sur les graves intérêts dont ils ont la garde et la surveillance.

Le débat est donc rouvert ; un comité s'est formé à Paris pour la réforme de cette loi malheureuse. Il est formé des représentants des Chambres syndicales ; immédiatement l'Union des Chambres lyonnaises lui apportait son concours et se faisait introduire auprès de M. le Garde des Sceaux par M. Thévenet, sénateur, ancien ministre, pour lui exprimer ses doléances.

La Chambre de commerce de Paris a été saisie ; un grand nombre de Chambres de commerce de France ont déjà formulé des avis fortement motivés, tendant à l'opinion unanime que la loi du 4 mars 1889 non-seulement n'a pas amélioré la situation créée par la loi de 1838, mais que, telle qu'elle existe, elle est une cause d'erreurs constantes et de véritables iniquités judiciaires.

Comme en 1889, Messieurs, nous appelons sur ce grave sujet toute votre bienveillante attention. Il n'est pas d'objet qui sollicite plus impérieusement la protection du gouvernement d'un grand peuple, que l'intérêt de son commerce.

Le commerçant n'est-il pas l'âme du budget de son pays ? N'est-ce pas à son travail que le fisc emprunte ses meilleures ressources ? Et sa prospérité, comme sa ruine, ne sont-elles pas d'une influence absolument sensible sur l'intérêt général ?

L'acte de commerce, dit M. Rabaud à son cours, est l'acte qui consiste à acheter ou à fabriquer pour revendre.

Cette définition de l'éminent professeur de la Faculté de Paris trace à elle seule la vie du commerçant, ses risques et ses avantages. Il achète pour revendre. L'écart entre son achat et sa vente comprend donc, avec son bénéfice possible, toutes les charges qui pèsent sur son industrie, tous les frais, toutes les dépenses qu'il aventure, tous les risques qu'il encourt. On voit donc que si cette carrière périlleuse, libre, affranchie de règles positives, soumise par conséquent à des mécomptes et à des surprises, doit être défendue et sagement protégée dans l'intérêt de ceux qui l'exercent, l'Etat lui-même est le plus sérieusement intéressé à la prospérité du commerce, puisque ce sont les finances nationales qui reçoivent, avant toute distribution, la première part de ces gains.

Nous avions, il y a trois ans, défini la faillite l'état du commerçant qui, enfermé dans un passif supérieur à son actif, ne peut plus faire face à ses échéances et suspend le cours de ses paiements, parce que, suivant la formule laconique de la loi anglaise, il est le prisonnier de ses propres affaires.

Telle est la formule brutalement résumée par l'article 437 du Code de commerce.

Interrogés par M. le Ministre du Commerce sur les causes de la faillite en général, et en particulier, de leur nombre toujours croissant, nous avions répondu à sa lettre du 26 février 1889 que, parmi ces causes multiples, il en était qui sont des causes générales appartenant à toutes les époques, telles que la mauvaise gestion, les dépenses exagérées, les imprudences commises, et nous indiquions que ni les lois ni les réformes ne changeront ni n'atténueront ces causes, qui tiennent à l'individu lui-même et qui sont de toutes les époques et de tous les âges.

Quant aux causes accidentelles et par conséquent rémédiables par le temps, une meilleure législation ou une application plus ferme et plus régulière des lois existantes, nous avions signalé la perturbation résultant de nos désastres de 1870, qui, après avoir supprimé momentanément la production, avaient en même temps fait écouler à deniers usuraires, soit par nous, soit par l'étranger, des stocks auxquels on a dû de voir se créer d'abord de scandaleuses fortunes et un épuisement de réserves en présence duquel la production, reprenant son essor, a rencontré une facilité d'expansion momentanée devant laquelle elle n'a pas su s'arrêter. Il en est résulté, pour une période dont les résultats ne sont pas encore entièrement éteints, une pléthore écrasante qui amena des immobilisations considérables et un avilissement ruineux dans le prix des produits fabriqués.

Les hésitations de la législation commerciale et douanière, qui, en cherchant à se modifier, ont surpris bien des opérations en cours et renversé bien des calculs, les changements brusques et profonds amenés par toute période de transition dans les conditions des personnes qui ont provoqué beaucoup de nos concitoyens à des entreprises auxquelles leur passé ne les avait pas préparés, entraînant ainsi dans leur chute, née de leur inexpérience, les économies les plus intéressantes, et nous en prenions, Messieurs, un prétexte nouveau pour demander la réforme de cette loi de 1867, sur laquelle nous avons délibéré depuis si longtemps, sans que cette mesure, si justement réclamée, et soumise au Parlement depuis la dernière législation, ait encore reçu sa solution.

Nous avions aussi, non sans quelque courage, indiqué les conséquences peu avantageuses pour le commerce de la loi de 1867 sur la suppression de la contrainte par corps, et, tout en constatant que cette mesure inspirée, il y a vingt-cinq ans, par des idées humanitaires et philanthropiques, ne saurait être rapportée, parce que, bien plus encore qu'à l'époque dont nous parlons, elle serait incompatible avec l'état actuel des impressions et des mœurs, nous avions constaté qu'elle avait été combattue par toutes les chambres de commerce, les tribunaux de commerce et les cours d'appel, et n'avait profité qu'aux fils de famille prodigues, aux joueurs malhonnêtes ; pesant au contraire principalement sur le petit commerce, qui n'avait rien à en redouter et y trouvait une cause de moralisation et d'élasticité du crédit.

Toutes ces causes, à mesure que les événements s'éloignent, y trouvent une atténuation ; mais, parmi celles que nous avions énumérées, deux, hélas ! subsistent dans toute leur intensité.

Nous voulons parler de l'état monétaire, dont l'unification, entreprise en 1867, n'a pu revenir à l'ordre du jour d'aucune discussion : problème redoutable, Messieurs, difficile à résoudre, nous le reconnaissons, mais dont tous ceux d'entre nous qui traitent des opérations soumises au change sur l'étranger ou à la perte de la monnaie apprécieront l'importance. Souhaitons que le calme qui règne en ce moment sur le monde et la reprise de nos relations internationales puissent ramener le retour de cette étude ardue et hérissée de difficultés sans nombre, mais qui livrerait à la reconnaissance publique et au culte de la postérité les noms de ceux qui arriveraient à en trouver la solution.

Enfin, Messieurs, — et je le retrouve à chaque page de mon dossier, — l'éternelle question de l'état judiciaire se dresse devant vous, et sur ce point votre rapporteur avait, il y a trois ans, appuyé ses doléances sur une statistique véritablement lamentable pour un grand pays comme le nôtre.

Interrogez les doyens de notre magistrature consulaire, demandez-leur combien de faillites n'ont trouvé leur cause que dans les immobilisations insensées dues aux interminables formalités des procès.

Combien donc de commerçants honorables, surtout au début de leur carrière, ont trouvé la ruine et le déshonneur dans l'impossibilité d'encaisser les sommes qui leur étaient dues et dont le recouvrement les aurait sauvés. Nous pourrions vous citer des exemples légendaires, et lorsqu'on voit, à notre siècle, les rôles de certains tribunaux, de certaines cours contenir des numéros qui remontent à cinq et six ans, et le Conseil d'Etat garder pendant le même temps des appels de décisions de Conseils de Préfecture devant lesquels les parties en cause ont déjà attendu pendant un nombre égal d'années la solution d'où dépend souvent toute leur existence, on ne saurait réclamer avec assez d'instance l'attention des pouvoirs publics sur ces situations lamentables.

Ceci exposé, nous rappelons en quelques mots que le projet dont M. Laroze a été le rapporteur avait pour but principal la modification des articles 437, 442, 443 et 445 du Code de commerce, qui, sous l'empire de la loi de 1838, règlent la position du failli. Il partait de cette idée très juste, constatée par des faits quotidiens, que le commerçant gêné diminue abusivement son actif, se rend souvent coupable d'actes frauduleux, en voulant cacher l'état de ses affaires et retarder sa faillite.

Il a donc voulu lui donner un intérêt majeur à faire

connaître lui-même sa position dès qu'il ne peut plus faire face à ses engagements.

M. Laroze déclarait nettement que la Commission dont il était le rapporteur a voulu, tout en évitant au débiteur malheureux les rigueurs de la faillite, assurer la complète réalisation de l'actif, et discuter scrupuleusement les titres de ceux qui se prétendent créanciers. Pour arriver à ce double but, voilà comment il procédait :

Tout commerçant qui, ayant cessé ses paiements, fera la déclaration de ce fait au greffe du Tribunal de commerce dans les dix jours de cette cessation, pourra demander le bénéfice de la liquidation judiciaire.

Le Tribunal ainsi saisi statue par un jugement délibéré en chambre du Conseil, et rendu en séance publique, sans qu'il soit soumis à la publication et à l'affichage.

Le jugement qui ouvre la liquidation nomme un liquidateur ou un administrateur judiciaire et un juge-commissaire à la liquidation, et enfin dans leur première réunion, les créanciers nommeront deux ou plusieurs d'entre eux pour surveiller la liquidation.

Cette organisation, si elle avait été conduite avec fermeté, aurait constitué un sérieux progrès sur la loi de 1838. En effet, sous l'empire de cette loi, que se passait-il ?

Une faillite étant ouverte, le Tribunal nommait un juge-commissaire et un syndic ; les créances sont vérifiées et le syndic confirmé dans son pouvoir ou remplacé dans une même réunion ; et alors, de deux choses l'une : ou le failli obtient un concordat, et il n'en reste pas moins flétri, ou il n'en obtient pas ; dans le second cas, les créanciers sont aussi désarmés que le failli lui-même ; ils n'ont aucune action sur la réalisation de cet actif, leur gage commun. L'administrateur de la faillite, le juge-commissaire, considère trop souvent son rôle comme terminé aussitôt après la vérification des créances. Le syndic est le maître souverain de l'actif ; il rend ou ne rend pas de comptes, distribue ou ne distribue pas de dividendes sur les fonds réalisés, sans qu'il soit même recherché par personne si les fonds sont versés à la Caisse des Dépôts et Consignations ou s'il les garde en mains. L'affaire s'éternise, et quand un certain nombre d'années s'est écoulé, que parmi les créanciers beaucoup sont éloignés ou disparus, elle va ajouter un numéro de plus à la liste des vieux dossiers.

La loi nouvelle a voulu, au contraire, solidariser les créanciers et le failli; elle ménage l'amour-propre de ce dernier en mitigeant le dessaisissement de son actif, il reste chez lui, maintenu à la tête de ses affaires, et doit concourir avec le liquidateur, et sous la surveillance des contrôleurs, à la réalisation de l'actif, à l'encaissement des recouvrements à faire; il sera d'autant plus intéressé à la vigilance et à la probité, que la moindre faute relevée par les créanciers leur laisserait le droit toujours ouvert et le moyen toujours disponible de faire déclarer la faillite avec toutes ses conséquences.

Quant aux créanciers nantis de ce contrôle exercé librement, ils auront tout intérêt à concourir à la meilleure liquidation possible; commerçants eux-mêmes, rompus aux affaires, ils pourront diriger leur débiteur, corriger et peut-être atténuer ses erreurs, et s'ils n'opèrent pas mieux que lui, ils ne pourront accuser qu'eux-mêmes de leur propre inadvertance.

Enfin, cette situation donnait à tout syndic le concours indispensable d'hommes compétents en la matière. Quelqu'intelligent que soit un homme, il ne saurait être doué d'une compétence universelle en tous les genres de commerce, et une des plus funestes conséquences du syndic actuel, c'est précisément de l'appeler à réaliser ce qu'il ne connaît pas et, par conséquent, dans des conditions nécessairement fâcheuses pour les créanciers.

Si nous indiquons maintenant que M. Laroze consacrait une longue discussion à légitimer le maintien du liquidé judiciairement sur les listes électorales consulaires et politiques, et qu'il a eu gain de cause devant la

Chambre, nous en aurons fini avec les passages de son rapport que nous avions le devoir de rappeler à votre souvenir.

Nous vous devons maintenant la lecture des conclusions que nous avions votées il y a trois ans, de vous en proposer le maintien et soumettre à votre vote les modifications qui devraient, suivant nous, mettre un terme aux plaintes du commerce en général qui ont motivé notre réunion d'aujourd'hui.

CONCLUSIONS.

La Chambre adopte les dispositions de M. le député Laroze en ce qui concerne l'organisation judiciaire amendant la faillite, mais sous la réserve des modifications ci-après.

Les articles 437 et suivants du Code de commerce, les dispositions générales du même code sur le fonctionnement de la faillite sont modifiés ainsi qu'il suit :

Article 1er. — Tout commerçant qui se verra contraint de suspendre ses paiements, et qui, dans les dix jours de cette cessation, en aura fait la déclaration au greffe du tribunal de commerce de son domicile, sera admis à demander la liquidation judiciaire, et pourra, s'il y est admis, éviter la déclaration de faillite et ses conséquences.

Art. 2. — Le juge-commissaire régulièrement investi de son pouvoir et qui sera convaincu d'avoir, par sa négligence, compromis ou laissé compromettre les intérêts confiés à sa surveillance, pourra non-seulement être relevé de ses fonctions de juge-commissaire, mais suspendu de ses fonctions de magistrat consulaire, un temps qui pourra égaler celui de la durée de son mandat restant encore à courir.

Les syndics ou liquidateurs, les créanciers élus contrôleurs par leurs co-créanciers, en vertu des dispositions nouvelles de la présente loi et qui seraient convaincus de détournements commis dans l'exercice de leurs fonctions, d'avoir gardé ou de s'être approprié les fonds de la liquidation confiés à leur garde seront punis des peines portées dans les articles 596 du Code de commerce et 406 du Code pénal.

Art. 3. — Le relevé de toutes les faillites ou liquidations judiciaires sera dressé mensuellement au greffe de chaque tribunal de commerce, signé par le greffier et par le Président du tribunal et remis officiellement au Procureur de la République qui devra en faire la transmission au parquet du Procureur général, lequel le fera parvenir à la chancellerie avec ses observations.

Art. 4. — Les créanciers vérifiés et affirmés dans chaque faillite ou liquidation judiciaire seront réunis au moins une fois tous les six mois pour entendre le rapport du liquidateur sur les opérations de la liquidation, et de la réalisation de l'actif.

Ils seront, à chacune de ces réunions, consultés sur le maintien du liquidateur et des créanciers contrôleurs.

Art. 5. — Les fonds provenant de la réalisation de l'actif dans chaque liquidation ou faillite devront être déposés chaque semaine à la Caisse des dépôts et consignations. Toutes les dépenses devront être visées par le juge-commissaire et les contrôleurs, sous peine de révocation du syndic et de l'application des peines portées en l'article 406.

Art. 6. — Toutes les fois que les fonds provenant de la liquidation seront réunis en somme suffisante pour assurer une distribution minimum de 5 %, cette distribution devra être faite, sous peine de l'application au syndic et aux contrôleurs des dispositions contenues en l'article 5.

A titre de vœu, nous vous demandons de les maintenir et nous vous proposons de modifier ainsi qu'il suit les articles 2, 4, 5, 8, 9, 10 de la loi actuelle en les complétant par l'adjonction des articles nouveaux qui nous semblent nécessaires.

Art. 2. — Texte actuel.

La requête est accompagnée du bilan et d'une liste indiquant le nom et le domicile de tous les créanciers.

Modification proposée :

« La requête est accompagnée du bilan et d'une liste indiquant le nom et le domicile et la somme due à chacun des créanciers. »

L'omission de ce détail important enlève au tribunal un de ses meilleurs éléments d'appréciation sur les causes de la ruine et la moralité du requérant et de ses intermédiaires.

Art. 4, § 1er. — Le jugement qui statue sur une demande d'admission à la liquidation judiciaire est délibéré en chambre du Conseil et rendu en audience publique. Le débiteur doit être entendu en personne, à moins d'excuses reconnues valables par le tribunal. Si la requête est admise, le jugement nomme un des membres du tribunal juge-commissaire et un ou plusieurs liquidateurs provisoires. Ces derniers, immédiatement prévenus par le greffier, arrêtent et signent les livres du débiteur dans les vingt-quatre heures de leur nomination et procèdent avec celui-ci à l'inventaire. Ils sont tenus, dans le même délai, de requérir les inscriptions d'hypothèques mentionnées en l'article 490 du Code de commerce.

§ 3. — Le jugement qui déclare ouverte la liquidation judiciaire est publié conformément à l'article 442 du Code de commerce, il n'est susceptible d'aucun recours et ne peut être attaqué par voie de tierce opposition. Cependant si le tribunal est saisi en même temps d'une requête en admission au bénéfice de la liquidation judiciaire, et d'une assignation en déclaration de faillite, il statue sur le tout en un seul et même jugement rendu dans la forme exécutoire par provision, et dans tous les cas, susceptible d'appel.

Modification proposée :

« Le jugement qui statue sur une demande d'admission à la liquidation judiciaire est délibéré en chambre du Conseil et rendu en audience publique ; le débiteur doit être entendu en personne, à moins d'excuses reconnues valables par le tribunal. Si la requête est reconnue admissible, le débiteur est déclaré en suspension légale de paiement, le tribunal nomme un de ses membres juge-commissaire chargé d'instruire l'affaire et de lui présenter un rapport, un ou plusieurs liquidateurs provisoires, et remet à quinzaine pour statuer sur l'admission à la liquidation judiciaire. » (Le reste comme suit.)

§ 3. — Le jugement qui déclare ouverte la liquidation judiciaire est publié conformément à l'article 442 du Code de commerce. Si le tribunal est saisi en même temps d'une demande en déclaration, il statue sur le tout par un seul et même jugement rendu dans la forme ordinaire exécutoire par provision.

Dans tous les cas ces jugements pourront être attaqués par voie d'appel.

Il s'agit ici de remédier à l'un des vices les plus regrettables de la loi. Elle porte, en effet, une atteinte absolue au principe de notre droit public que le juge ne doit statuer qu'en connaissance de cause, par conséquent après débat contradictoire. Dans l'espèce, le juge n'a d'autre élément d'appréciation que ce qu'il entend du demandeur, souvent mal conseillé. Les créanciers qui sont partie adverse ne sont représentés par personne, ils ne sont pas entendus. Aucune enquête antérieure à la décision n'est faite sur leurs droits, leurs intérêts, le degré de sympathie ou d'indignité du débiteur. La décision est une surprise souvent préparée d'avance. Si plus tard le tribunal s'aperçoit qu'il a été trompé, il ne lui reste plus qu'à changer la liquidation en faillite. Mais il est trop tard, le mal est fait, et le préjudice sciemment causé aux créanciers ne peut plus être réparé.

Enfin, n'est-il pas exorbitant que le jugement rendu contre eux, en leur absence, ne soit pas susceptible d'appel lorsqu'il est par voie de publicité seulement porté à leur connaissance ?

Articles 5 et 8. — En conséquence des observations qui précèdent, nous demandons simplement que les mots à partir du jugement qui déclare ouverte la liquidation judiciaire soient remplacés par ceux de déclaration de suspension légale de paiement. C'est une question de simple régularisation de texte.

Art. 9, § 1er. — Texte actuel.

Dans les trois jours du jugement, le greffier informe les créanciers par lettre, etc.

Modification proposée :

« Dans les trois jours de la date de la suspension légale de paiement, le greffier en informe les créanciers par lettre contenant copie du bilan et de l'état détaillé des créanciers et des sommes dues à chacun d'eux leur faisant connaître le nom et le domicile du juge-commissaire désigné, en les invitant à lui faire parvenir dans un délai de huit jours leur avis motivé sur l'admissibilité du débiteur au bénéfice de la liquidation judiciaire. »

C'est, suivant nous, Messieurs, le seul moyen de mettre le tribunal en communication avec les parties qu'il n'a pas entendues et de lui fournir l'élément d'appréciation qui lui a manqué jusque-là.

Art. 10. — Texte actuel.

Les fonctions de contrôleur sont gratuites. Ils ne peuvent être révoqués que par le tribunal de commerce.

Modification proposée :

« En principe, les fonctions de contrôleurs sont gratuites. Toutefois, ils ont droit au remboursement des débours faits par eux après visa du juge-commissaire, lequel pourra même, s'il y a lieu, leur faire allouer une indemnité proportionnée à l'étendue de leurs services rendus à la cause commune. »

Messieurs, nous avons dit que le syndic ne pouvait réaliser qu'au préjudice des créanciers des objets échappant à sa compétence. Cependant, ce syndic a ordinairement la main lourde en ce qui concerne ses prélèvements personnels sur l'actif des créanciers, et nous verrons plus loin comment même ils sont aggravés. Nous estimons donc que lorsqu'un créancier, nommé contrôleur par ses co-créanciers, à cause de sa probité connue et de son expérience justifiée, aura quitté ses propres affaires, supporté des déplacements ou des pertes de son temps pour l'intérêt de la masse commune, il aura le plus souvent mieux servi la masse que le syndic lui-même et pour éviter tout conflit avec ce dernier, probablement disposé à redouter en lui une autorité et une surveillance, c'était au juge-commissaire seul qu'il convenait de statuer sur ce point au cas où il viendrait à être soulevé pendant les opérations de la liquidation.

Et maintenant, Messieurs, nous en avons fini avec ce que nous pouvons appeler la question de texte.

Ainsi amendée, la loi nous paraît combler bien des lacunes et sauvegarder, dans la mesure du possible, les intérêts en présence.

Nous vous proposons donc l'adoption des conclusions suivantes :

La Chambre de commerce adopte le rapport qui lui est présenté par la Commission nommée par elle en vue d'étudier les modifications qu'il convient d'apporter à la loi du 4 mars 1889 sur la liquidation judiciaire ;

Confirme la délibération prise le 26 juin 1885 ;

Emet le vœu que la révision à intervenir contienne toute mesure susceptible d'accélérer dans toute la mesure la prompte exécution des affaires devant les tribunaux de commerce, et notamment le réglement dans le plus bref délai des droits des créanciers dans les faillites et les liquidations judiciaires, dont la loi de 1889, telle qu'elle est appliquée n'est que la lésion inique et impunie.

La Chambre de commerce approuve les conclusions de ce rapport, décide qu'il sera converti en délibération, adressé à M. le Ministre du Commerce et de l'Industrie, à M. le Ministre de la Justice, à MM. les Sénateurs et Députés du Puy-de-Dôme, à M. le Préfet et aux Chambres de commerce.

Le Rapporteur,

Maurice CHALUS.

Pour copie conforme :

Le Président de la Chambre de commerce,

BIDEAU.

Clermont-Ferrand, imprimerie Mont-Louis, rue Barbançon.

www.ingramcontent.com/pod-product-compliance
Lightning Source LLC
Chambersburg PA
CBHW050357210326
41520CB00020B/6353